Bidjan Sobhani (Hrsg.)
Sinnreiches
Aphorismen und Lebensweisheiten

Bidjan Sobhani (Hrsg.)

Sinnreiches
Aphorismen und Lebensweisheiten

© Bidjan Sobhani 2016

Herstellung und Verlag:
BoD – Books on Demand, Norderstedt

Textauswahl, Satz und Umschlaggestaltung:
Bidjan Sobhani

1. Auflage (20160310-02)

ISBN 978-3-7392-3800-5

Vorwort

Die in diesem Büchlein veröffentlichten Aphorismen und Sprüche sind eine Auswahl aus einer Sammlung, die ich über Jahre hinweg erstellt und vor allem für den Einsatz in eigenen Vorträgen und Seminaren zusammengetragen habe. Sie eignen sich ebenso gut für die persönliche Reflexion und das Nachdenken über verschiedenste Aspekte unserer komplexen Welt. Mögen Sie dem Leser als Anregung und Herausforderung dienen und dazu beitragen, dass Sichtweisen und Überzeugungen bereichert werden.

Bidjan Sobhani
Januar 2016

Der Aphorismus ist so etwas wie ein Edelstein, der durch Seltenheit an Wert gewinnt und nur in winzigen Dosen ein Genuss ist.

Hermann Hesse

Der Widerspruch ist es, der uns produktiv macht.

Johann Wolfgang von Goethe

Willst du den Charakter eines Menschen erkennen, so gib ihm Macht.

Abraham Lincoln

Die großen Taten der Menschen sind nicht die, welche lärmen. Das Große geschieht so schlicht wie das Rieseln des Wassers, das Fließen der Luft, das Wachsen des Getreides.

Adalbert Stifter

Wenn sie mich verstanden haben, habe ich mich nicht präzise genug ausgedrückt.

Alan Greenspan

Um sich selbst zu erkennen, muß man handeln.

Albert Camus

Der Intellekt hat ein scharfes Auge für Methoden und Werkzeuge, aber er ist blind gegen Ziele und Werte.

Albert Einstein

Mit den Jahren runzelt die Haut, mit dem Verzicht auf Begeisterung aber runzelt die Seele.

Albert Schweitzer

Entdeckung besteht darin, den gleichen Gegenstand wie alle anderen zu betrachten, sich aber etwas anderes dabei zu denken.

Albert Szent-Györgyi

Wer so tut, als bringe er die Menschen zum Nachdenken, den lieben sie. Wer sie wirklich zum Nachdenken bringt, den hassen sie.

Aldous Huxley

You cannot discover oceans unless you have the courage to lose sight of the shore.

Amerikanisches Sprichwort

Wenn Du ein Schiff bauen willst, dann trommle nicht Männer zusammen, um Holz zu beschaffen, Aufgaben zu vergeben und die Arbeit einzuteilen, sondern lehre die Männer die Sehnsucht nach dem weiten endlosen Meer.

Antoine de Saint Exupéry

Jeder sieht im anderen nur soviel,
als er selbst auch ist.

Arthur Schopenhauer

Es sind nicht so sehr die Dinge, die Du nicht weißt, die Dich in Schwierigkeiten bringen. Es sind die Dinge, die Du weißt, die aber nicht so sind.

Artimus Ward

Der Mensch hat gelernt, wie ein Fisch unter Wasser zu schwimmen, wie ein Vogel in der Luft zu schweben. Aber wie ein Mensch auf der Erde zu leben, das kann er noch nicht.

Autor unbekannt

Es gibt schweigsame Menschen, die interessanter sind als die besten Redner.

Benjamin Disraeli

Wer die Freiheit aufgibt um Sicherheit zu gewinnen, der wird am Ende beides verlieren.

Benjamin Franklin

Wenn ich über's Wasser laufe, dann sagen meine Kritiker: „Nicht mal schwimmen kann der."

Berti Vogts

Ein Mann, der Herrn K. lange nicht gesehen hatte, begrüßte ihn mit den Worten: „Sie haben sich gar nicht verändert." „Oh!" sagte Herr K. und erbleichte.

Bertolt Brecht

Das Ärgerliche in dieser Welt ist,
dass die Dummen todsicher und
die Intelligenten voller Zweifel sind.

Bertrand Russell

We don't manage people, people manage themselves. We organize ourselves around voluntary committments.

Bill Gore

Es gibt zwei gefährliche Abwege:
die Vernunft schlechthin abzulegen und außer der Vernunft nichts anzuerkennen.

Blaise Pascal

Wer nicht damit beschäftigt ist, geboren zu werden, der ist damit beschäftigt, zu sterben.

Bob Dylan

Wenn du ein Problem hast, versuche es zu lösen. Kannst du es nicht lösen, dann mache kein Problem daraus.

Buddha

Die Physik erklärt die Geheimnisse der Natur nicht, sie führt sie auf tieferliegende Geheimnisse zurück.

Carl Friedrich von Weizsäcker

Denken ist schwer, darum urteilen die meisten.

Carl Gustav Jung

Niemand hätte jemals den Ozean überquert, wenn er die Möglichkeit gehabt hätte, bei Sturm das Schiff zu verlassen.

Charles F. Kettering

Es gehört mehr Mut dazu, seine Meinung zu ändern, als ihr treu zu bleiben.

Christian Friedrich Hebbel

Alles ist schön, wenn man es mit Liebe betrachtet.

Christian Morgenstern

Der eine wartet, dass die Zeit sich wandelt, der andere packt sie kräftig an und handelt.

Dante

Wagt ruhig einen großen Schritt, wenn es nötig ist. Über einen Abgrund kommt man nicht mit zwei kleinen Sprüngen.

David Lloyd George

Statt zu klagen, dass wir nicht alles haben, was wir wollen, sollten wir lieber dankbar sein, dass wir nicht alles bekommen, was wir verdienen.

Dieter Hildebrandt

Den größten Fehler, den man im Leben machen kann, ist, immer Angst zu haben, einen Fehler zu machen.

Dietrich Bonhoeffer

Weisheit ist die Fähigkeit, Wissen und Nichtwissen in Relation zu setzen.

Dirk Baecker

Wenn man eine Katze auseinandernehmen will, um zu sehen, wie sie funktioniert, hat man als erstes eine nicht funktionierende Katze in den Händen.

Douglas Adams

Das Böse triumphiert allein dadurch, dass gute Menschen nichts unternehmen.

Edmund Burke

Falls Gott die Welt geschaffen hat, war seine Hauptsorge sicher nicht, sie so zu machen, dass wir sie verstehen können.

Albert Einstein

Nicht alles, was man zählen kann,
zählt – nicht alles was zählt,
kann man zählen.

Albert Einstein

Try not to become a man of success but a man of value.

Albert Einstein

Nichts ist gefährlicher als eine
Idee, wenn sie unsere einzige ist.

Emile Chartier

Ein Mensch schaut in der Zeit zurück und sieht: Sein Unglück war sein Glück.

Eugen Roth

Je planmäßiger die Menschen vor-
gehen, desto wirksamer trifft sie
der Zufall.

Friedrich Dürrenmatt

Es ist ein großer Unterschied, ob ich etwas weiß, oder ob ich es liebe; ob ich es verstehe, oder ob ich nach ihm strebe.

Francesco Petrarca

Klug fragen können ist die halbe Weisheit.

Francis Bacon

Der Eigennutz spricht allerhand Sprachen und spielt allerhand Rollen, sogar die des Uneigennützigen.

François de La Rochefoucauld

Verbringe die Zeit nicht mit der Suche nach einem Hindernis, vielleicht ist keins da.

Franz Kafka

Niemand weiß soviel Schlechtes von uns, wie wir selbst. Und trotzdem denkt niemand so gut von uns, wie wir selbst.

Franz von Schönthan

Der Wissende weiss, dass er glauben muss.

Friedrich Dürrenmatt

Man verdirbt einen Jüngling am sichersten, wenn man ihn anleitet, den Gleichdenkenden höher zu achten als den Andersdenkenden.

Friedrich Nietzsche

Das einzig Wichtige im Leben sind die Spuren von Liebe, die wir hinterlassen, wenn wir weggehen.

Albert Schweitzer

Wer ein "Warum" zum Leben
hat, erträgt fast jedes "Wie".

Friedrich Nietzsche

Wer mit Ungeheuern kämpft, mag zusehn, dass er nicht dabei zum Ungeheuer wird. Und wenn du lange in einen Abgrund blickst, blickt der Abgrund auch in dich hinein.

Friedrich Nietzsche

Die Menschen lassen sich lieber durch Lob ruinieren als durch Kritik bessern.

Georg Bernhard Shaw

Es gibt keine Lösungen im Leben. Es gibt Kräfte in Bewegung: die muß man schaffen; die Lösungen folgen nach.

Antoine de Saint-Exupéry

Der Mann hatte so viel Verstand, daß er fast zu nichts mehr in der Welt zu gebrauchen war.

Georg Christoph Lichtenberg

Der einzige Mensch, der sich vernünftig benimmt, ist mein Schneider; er nimmt jedes Mal neu Maß, wenn er mich trifft, während alle anderen immer die alten Maßstäbe anlegen, in der Meinung, sie passten heute noch auf mich.

George Bernard Shaw

Die vernünftigen Menschen passen sich der Welt an; die unvernünftigen versuchen, sie zu verändern. Deshalb hängt aller Fortschritt von den Unvernünftigen ab.

George Bernard Shaw

Versuche das zu bekommen was du liebst, sonst bist du gezwungen das zu lieben was du hast.

George Bernard Shaw

Du siehst Dinge und du fragst: warum? Ich aber sehe Dinge und ich frage: warum nicht?

George Bernhard Shaw

Wenn man Spaß an einer Sache hat, dann nimmt man sie auch ernst.

Gerhard Uhlenbruck

Du kannst Dein Leben nicht verlängern und Du kannst es auch nicht verbreitern. Aber Du kannst es vertiefen!

Gorch Fock

Ein Schiff im Hafen ist sicher, aber das ist nicht das, wofür Schiffe gebaut werden.

Grace Hopper

Der Erfolg ist eine Folgeerscheinung. Niemals darf er zum Ziel werden!

Gustave Flaubert

Nur Dinge, die nicht entscheidbar
sind, kann man entscheiden.

Heinz von Foerster

Um eine Sache bis auf den Grund zu durchdenken, bedarf es oft mehr des Mutes als des Verstandes.

Hans Arndt

Probleme kann man niemals mit derselben Denkweise lösen, durch die sie entstanden sind.

Albert Einstein

Die Wahrheit ist nur der zweckmäßigste Irrtum.

Hans Reichinger

Souveränität ist das Privileg, nicht
Recht haben zu wollen.

Hans Wüthrich

Reif ist, wer auf sich selbst nicht mehr hereinfällt.

Heimito von Doderer

Meine Pünktlichkeit drückt aus, dass mir deine Zeit so wertvoll ist wie meine eigene.

Helga Schäferling

Die Frage ist nicht, was man betrachtet, sondern was man sieht.

Henry David Thoreau

Es wird immer alles gleich ein wenig anders, wenn man es ausspricht.

Hermann Hesse

Meine Damen und Herren, wenn ich weniger wüsste, könnte ich Ihnen mehr erzählen.

Hermann Josef Abs

Unternehmensstrategie ist wie
Gärtnerei: Man muss wachsen
lassen und schneiden.

Hermann Simon

Habe Mut, dich deines eigenen
Verstandes zu bedienen.

Immanuel Kant

So lange man dich lobt, glaube nur immer, dass du noch nicht auf deiner eigenen Bahn, sondern auf der eines andern bist.

Friedrich Nietzsche

Viele sind hartnäckig in Bezug
auf den einmal eingeschlagenen
Weg, wenige in Bezug auf das Ziel.

Friedrich Nietzsche

Intelligenz ist nur eine zufällige Begleiterscheinung des Lebens und vielleicht nicht einmal eine sehr nützliche.

Isaac Asimov

Die Wissenschaft von heute ist der Irrtum von morgen.

Jakob von Uexküll

Verrückt ist, wer immer wieder das gleiche tut und ein anderes Ergebnis erwartet.

James Robbins

Arm ist nicht der, der wenig hat, sondern der, der nicht genug bekommen kann.

Jean Guéhenno

Nur die Vernunft lehrt schweigen.
Das Herz lehrt reden.

Jean Paul

Das Geld, das man besitzt, ist das Mittel zur Freiheit, dasjenige, dem man nachjagt, das Mittel zur Knechtschaft.

Jean-Jacques Rousseau

Man muss viel gelernt haben, um über das, was man nicht weiß, fragen zu können.

Jean-Jacques Rousseau

Getreide wächst nicht schneller,
wenn man daran zieht.

Autor unbekannt

Wissen bestätigt Tatsachen.
Glaube aus dem Herzen schafft Tatsachen.

Autor unbekannt

Wer A sagt, der muss nicht B sagen. Er kann auch erkennen, dass A falsch war.

Bertolt Brecht

Die höchste Form menschlicher Intelligenz ist, zu beobachten ohne zu bewerten.

Jiddu Krishnamurti

Freiwillige Abhängigkeit ist der schönste Zustand, und wie wäre der möglich ohne Liebe?

Johann Wolfgang von Goethe

Wer die Menschen so behandelt, wie sie sind, der macht sie damit schlechter. Wer aber die Menschen so behandelt, wie sie sein könnten, der macht sie damit besser.

Johann Wolfgang von Goethe

Provozieren heißt, die Leute denken zu lassen.

John Le Carré

Leben ist das, was passiert, während du eifrig dabei bist, andere Pläne zu machen.

John Lennon

Was unser Denken begreifen kann, ist kaum ein Punkt, fast gar nichts im Verhältnis zu dem, was es nicht begreifen kann.

John Locke

Der höchste Lohn für unsere Bemühungen ist nicht das, was wir dafür bekommen, sondern das, was wir dadurch werden.

John Ruskin

We make the world by the questions we ask.

John Wheeler

Das Ziel eines Konflikts oder einer Auseinandersetzung soll nicht der Sieg, sondern der Fortschritt sein.

Joseph Joubert

Mit dem Wissen wächst der Zweifel.

Johann Wolfgang von Goethe

Der Verstand kann uns sagen, was wir unterlassen sollen. Aber das Herz kann uns sagen, was wir tun müssen.

Joseph Joubert

Nichts quält, nichts versklavt so sehr wie die Hoffnung auf irdisches Glück.

Julien Green

Die Wissenschaft fängt eigentlich erst da an, interessant zu werden, wo sie aufhört.

Justus von Liebig

Jemand, der nicht lesen und schreiben kann, diktiert.

Karl Farkas

Der Rationalist ist einfach ein Mensch, dem mehr daran liegt zu lernen, als recht zu behalten.

Karl Popper

Um das Herz und den Verstand eines Menschen zu verstehen, schaue nicht darauf, was er erreicht hat, sondern wonach er sich sehnt.

Khalil Gibran

Wer seine Meinung nie zurückzieht, liebt sich selbst mehr als die Wahrheit.

Joseph Joubert

Wenn über das Grundsätzliche keine Einigkeit besteht, ist es sinnlos, miteinander Pläne zu machen.

Konfuzius

Man kann immer seinen Standpunkt ändern, weil dir niemand verbieten kann, klüger zu werden.

Konrad Adenauer

Der Kommerz beginnt, wenn du mit deiner Gitarre auf die Straße gehst und willst, dass man dir zuhört.

Kurt Cobain

Das Ärgerliche am Ärger ist, dass man sich schadet, ohne anderen zu nutzen.

Kurt Tucholsky

Chance favours only the prepared mind.

Louis Pasteur

Wenn du im Recht bist, kannst du dir leisten, die Ruhe zu bewahren; Und wenn du im Unrecht bist, kannst du dir nicht leisten, sie zu verlieren.

Mahatma Gandhi

Eine echte Entdeckungsreise ist es nicht, neue Ufer zu suchen, sondern für das Bekannte neue Augen zu haben.

Marcel Proust

Auf die Dauer der Zeit nimmt die Seele die Farbe der Gedanken an.

Marcus Aurelius

Sobald der Geist auf ein Ziel gerichtet ist, kommt ihm vieles entgegen.

Johann Wolfgang von Goethe

Wer nicht mehr liebt und nicht mehr irrt, der lasse sich begraben.

Johann Wolfgang von Goethe

Man bleibt jung, so lange man noch lernen, neue Gewohnheiten annehmen und Widerspruch ertragen kann.

Marie von Ebner-Eschenbach

Wenn Sie glauben, alles unter Kontrolle zu haben, dann fahren Sie einfach noch nicht schnell genug.

Mario Andretti

Vergebung ist keine einmalige Sache, Vergebung ist ein Lebensstil.

Martin Luther King

Alles, was wir kontrollieren wollen, kontrolliert uns und unser Leben.

Melody Beatti

Von einem guten Rat zu profitieren, erfordert mehr Weisheit, als ihn zu geben.

Michael Collins

Alles beginnt mit der Sehnsucht.

Nelly Sachs

Ich weiß nicht, was ich gesagt habe, bevor ich nicht die Antwort des anderen darauf gehört habe.

Norbert Wiener

Das Schweigen von gestern rechtfertigt nie das Schweigen von heute.

Otto Schily

Gäbe es nur eine Wahrheit, könnte man nicht hundert Bilder zum gleichen Thema malen.

Pablo Picasso

Ich suche nicht, ich finde. Suchen ist, wenn man von alten Dingen ausgeht und im Neuen das bereits Bekannte wieder findet. Finden ist etwas völlig Neues. Alle Wege sind offen, und was gefunden wird, ist unbekannt. Es ist ein Wagnis, ein Abenteuer.

Pablo Picasso

Die Entscheidungen waren nur der Anfang von etwas. Wenn man einen Entschluss gefasst hatte, dann tauchte man damit in eine gewaltige Strömung, die einen mit sich riss, zu einem Ort, den man sich bei dem Entschluss niemals hätte träumen lassen.

Paulo Coelho

Die größte Gefahr in Zeiten der Veränderung ist nicht die Veränderung an sich, sondern das Handeln mit der Logik von gestern.

Peter Drucker

Durch unser Wissen unterscheiden wir uns nur wenig, in unserer grenzenlosen Unwissenheit aber sind wir alle gleich.

Karl Popper

Es gibt Risiken, die einzugehen du dir nicht leisten kannst und es gibt Risiken, die nicht einzugehen du dir nicht leisten kannst!

Peter Drucker

Management ist die Fähigkeit,
Menschen wie dich und mich
produktiv zu machen.

Peter Drucker

Man soll schweigen oder Dinge sagen, die noch besser sind als das Schweigen.

Pythagoras von Samos

Ich habe da so einen linksradikalen Typen, der für mich arbeitet. Er ist ätzend. Er sagt mir doch glatt, dass ich Unrecht habe. Er gleicht meine blinden Flecken aus. Ohne ihn bin ich aufgeschmissen.

Rey More

Wir müssen unbedingt Raum für Zweifel lassen, sonst gibt es keinen Fortschritt, kein Dazulernen. Man kann nichts Neues herausfinden, wenn man nicht vorher eine Frage stellt. Und um zu fragen, bedarf es des Zweifelns.

Richard P. Feynman

Der Lohn für Anpassung ist, dass alle dich mögen außer dir selbst.

Rita Mae Brown

Wer interessieren will, muß provozieren.

Salvador Dali

Wir neigen dazu, Erfolg eher nach der Höhe unserer Gehälter oder nach der Größe unserer Autos zu bestimmen als nach dem Grad unserer Hilfsbereitschaft und dem Maß unserer Menschlichkeit.

Martin Luther King

Es ist nicht wenig Zeit, die wir haben, sondern es ist viel Zeit, die wir nicht nutzen.

Seneca

Das Vergleichen ist das Ende des Glücks und der Anfang der Unzufriedenheit.

Sören Aabye Kierkegaard

The way we see the problem, is the problem.

Stephen Covey

Befehlen und Gehorchen, sie bildeten zusammen nur ein Prinzip, eine unauflösliche Einheit; wer zu gehorchen wisse, der wisse auch zu befehlen, und ebenso umgekehrt.

Thomas Mann

Ich messe den Erfolg nicht an meinen Siegen, sondern daran, ob ich jedes Jahr besser werde.

Tiger Woods

People have enough to live by but nothing to live for.

Viktor Frankl

Die Normalität ist eine gepflasterte Straße; man kann gut darauf gehen - doch es wachsen keine Blumen auf ihr.

Vincent Willem van Gogh

Wir sind verantwortlich für das, was wir tun, aber auch für das, was wir nicht tun.

Voltaire

Zweifeln ist etwas Unangenehmes,
sich gewiss sein, ist lächerlich.

Voltaire

Kunst entsteht nicht aus der Mühe, sondern aus der Fülle. Der Künstler ringt nicht mit seinem Werk, sondern mit dem, was ihn daran hindert.

Waldemar Bonsels

Die Erfindung des Problems ist wichtiger als die Erfindung der Lösung; in der Frage liegt mehr als in der Antwort.

Walther Rathenau

Das scharfe Auge kann im Chaos dieser Zeit eine andere Ordnung erraten. Sie basiert nicht mehr auf dem "Entweder-oder", sondern auf einem neuen "Und".

Wassily Kandinsky

Wir müssen uns daran erinnern, dass das, was wir beobachten, nicht die Natur selbst ist, sondern Natur, die unserer Art der Fragestellung ausgesetzt ist.

Werner Heisenberg

Ob ein Mensch ein Gentleman ist, erkennt man an seinem Benehmen denjenigen Menschen gegenüber, von denen er keinen Nutzen hat.

William Lyon Phelps

Wenn zwei Menschen immer dasselbe denken, ist einer von ihnen überflüssig.

Winston Churchill

Die Unwissenheit kommt der Wahrheit näher als das Vorurteil.

Wladimir Iljitsch Lenin

Wer einen neuen Hammer hat, für den sieht alles aus wie ein Nagel.

Indonesisches Sprichwort

Man muss nicht siegen, um zu gewinnen.

Bidjan Sobhani